Realizzazione Editoriale
Edizioni del Baldo

Testi a cura di
Anastasia Zanoncelli

Redazione
Paola Mancini

Grafica e impaginazione
Barbara Minozzo

Illustrazioni
Giulia Pianigiani

1ª edizione giugno 2012

Finito di stampare nel mese di giugno 2012
presso Grafiche Busti srl - Colognola ai Colli - Verona

OSCAR WILDE

AFORISMI

Edizioni del Baldo

OSCAR WILDE

Traduzione di Celia Vella

Anche chi non conoscesse la vita di Oscar Wilde, di fronte alla causticità e alla lapidarietà di alcune sue affermazioni non potrebbe che pensare di trovarsi di fronte a un personaggio per lo meno d'eccezione. Egli infatti incarnò nella vita uno spirito libero, contrario a qualsiasi legge e moralità, a volte contrario anche al più comune buon senso, tanto da terminare i suoi anni vituperato, in miseria, solo. La sua passione per il bello lo portò a scelte drastiche, drammatiche, anticonformiste, come quando affermava che "la moda è una cosa talmente brutta che si deve cambiare ogni sei mesi".

Nato a Dublino nel 1854, da una famiglia benestante (il padre, oftalmologo riconosciuto, aveva fondato un ospedale a Dublino ed era divenuto l'oculista personale della regina Vittoria; la madre, poetessa irlandese di corrente byroniana, era di carattere ribelle e parteggiava per l'irredentismo irlandese), ebbe un'infanzia normale, in compagnia del fratello maggiore e della sorella minore. Poco si sa dei suoi primi anni di vita, se non che già dimostrava un carattere fermo ed eccentrico e che ereditò fin da giovane alcuni vezzi che erano tipici della madre, ad esempio quello di non voler festeggiare i compleanni e di voler nascondere la propria vera età. Dapprima formato in casa, giunse a vincere la Berkeley Gold Medal presso il Trinity College di Dublino per i suoi studi sui lirici greci e a frequentare il Magdalen College a Oxford. Volle anche viaggiare per visitare i luoghi dell'arte e della cultura classica: giunse in Italia e in Grecia. Nei viaggi, ma anche nella vita al college, avrà modo di dimostrare la natura dispendiosa del suo stile di vita. Morto il padre, si trovò spesso in condizioni di povertà, dato che la madre si rifiutò di aiutarlo ulteriormente dopo che in pochi mesi aveva sperperato l'eredità ricevuta. Wilde si presentò più volte presso i tribunali per pagare i debiti ed attribuì alla propria miseria, che era invece dissolutezza, l'incapacità di sposare Florence Balcombe, una ricca ragazza che avrebbe potuto sanare la sua mediocre situazione finanziaria.
Anche dal fratellastro Henry Wilson non ricevette quell'eredità che aveva sperato, ma solo 100 sterline e la parte di abitazione che condividevano, a patto che non divenisse cattolico per i successivi cinque anni.

Deciso a dare una svolta alla sua vita, terminati gli studi universitari si trasferì a Londra, nel 1879, trovando casa al numero 13 di Salisbury Street. Nella capitale, più che a Dublino, poté attorniarsi di elementi brillanti con cui intessere amicizie culturali molto stimolanti. Tra le più importanti quella con il famoso pittore James McNeill Whistler, con lo scrittore e librettista William Schwenck Gilbert e con l'impresario teatrale Richard D'Oyly Carte, che gli propose di mostrare le sue opere teatrali nel Nuovo Continente.
L'avventura americana fu un fallimento, mentre circolavano sempre più le voci che lo accusavano di immoralità per i suoi gusti sessuali. In Francia non nascose la sua relazione con Robert Harborough Sherard. Fu anche per mettersi al riparo dai moralisti, oltre che dagli usurai, che decise di sposare Constance Lloyd, conosciuta a casa di alcuni amici della madre: la ragazza aveva declamato Dante in italiano e aveva impressionato Oscar con la sua cultura superiore alla norma.
Il matrimonio, partito in ambasce a causa dei problemi economici e dello sperpero che Wilde operava senza criterio, non fu felice; una volta rimasta incinta, la moglie venne da lui rifiutata per le nausee e per il corpo rigonfio dalla maternità, in quanto il senso estetico di Wilde era più forte di qualsiasi legame di affetto o di gratitudine. Mentre Constance si occupava dei figli e sempre meno tollerava l'eccentricità del marito, Wilde non nascondeva più di frequentare altri uomini, tra cui Henry Marillier. Nel 1886 conobbe il diciassettenne Robert Ross, che era stato allontanato dalla famiglia dopo aver rivelato la sua omosessualità.

Fu solo l'inizio di un via-vai di ragazzi che, attirati dalla figura ambigua ed enigmatica dello scrittore, si concessero a lui, a volte solo per un incontro fugace o per spillargli qualche soldo. Wilde fu attirato poi da Alfred Douglas, sua grande e rovinosa passione, a conoscere il mondo sotterraneo della prostituzione omosessuale giovanile che Londra nascondeva anche nelle migliori famiglie del regno. Ricordiamo che al tempo l'omosessualità era un reato punibile, secondo la "Criminal Law Amendment Act" del 1885, fino ad un massimo di due anni di reclusione.
Nonostante le preghiere della moglie e degli amici più sinceri, Wilde compromise a tal punto la sua fama (dal 1839 non viveva più in casa ma in albergo per poter incontrare liberamente i suoi numerosi amanti) che venne processato e condannato al massimo della pena prevista.
In carcere, vestito della divisa da carcerato, soffrì la fame, il sonno e la fatica di lavorare a un mulino a ruota per almeno sei ore al giorno.
Uscito di prigione il 19 maggio 1897, ormai inviso alla famiglia e alla moglie, si diresse a Napoli, dove si incontrò nuovamente con Douglas, con cui non aveva interrotto il rapporto epistolare (anche se lo stesso Douglas aveva più volte per motivi economici pubblicato loro scandalose lettere erotiche) e che chiamava affettuosamente "Bosey". Constance e Lady Douglas non trovarono altro modo per far finire la storia tra i due uomini che tagliare completamente il loro sostentamento.
Finita quindi la sua storia d'amore più importante, Wilde si accontentò delle 200 sterline l'anno che la moglie gli passa-

va per sopravvivere ma fu visto molte volte elemosinare un pasto. Di qui in poi le notizie sulla sua vita si fanno sempre più misere: le sporadiche riconciliazioni con Douglas, i viaggi alla ricerca degli ultimi riconoscimenti letterari, la generosità di alcuni ammiratori rimastigli, lo smacco di vedersi chiudere sempre più porte in faccia furono i temi ricorrenti fino a quando il 30 novembre del 1900, proprio l'anno in cui Douglas, divenuto improvvisamente ricco per un'eredità ricevuta, lo abbandonò definitivamente, morì per una meningoencefalite, probabilmente causatagli da una sifilide terziaria mai curata a dovere.

Il poeta mediocre vive la poesia che non sa scrivere; i grandi poeti scrivono la poesia che non riescono a vivere nella realtà.

Contraddicendo questa battuta, contenuta nell'unico romanzo da lui scritto, *Il ritratto di Dorian Gray*, Oscar Wilde imbastì la sua vita come se fosse poesia, romanzo, arte, convinto comunque di essere un grande artista e di avere, con i suoi scritti, fatto e lasciato ai posteri Arte (con la "A" maiuscola).
Sebbene i temi da lui trattati, anche nelle opere teatrali, abbiano perso ai giorni nostri l'alone trasgressivo che tanto aveva scandalizzato la buona società vittoriana, restano ancora molto freschi i coloriti dialoghi che ne avevano decretato, anche allora, il successo.
Frasi al vetriolo, ironiche, spesso provocatorie, con l'effetto

di veri e propri fuochi d'artificio: Wilde si divertiva a volte a capovolgere il "buon senso comune", altre volte la sentenza ne contraddiceva una precedente, perché nella vita come nell'arte «non esiste una verità universale: in arte la verità è la cosa di cui è vero anche il contrario».
Secondo alcuni suoi biografi Wilde, prima di utilizzarle nella stesura delle sue commedie, citava e recitava queste frasi durante le sue brillanti conversazioni con gli amici, nei club, nei salotti londinesi o parigini, per essere sicuro dell'impatto che esse avrebbero avuto sul pubblico. E le stesse frasi dilagavano, subito dopo le rappresentazioni, in tutti i salotti, anche quelli da lui non frequentati: la società rideva di se stessa, sollevata e contenta.
Più arcigni furono i critici. Secondo G.B. Shaw il lavoro di Wilde era «pericoloso perché ha la proprietà di rendere ottusi i critici», soprattutto i critici inglesi, in quanto l'Irlanda, patria di Wilde, è fra tutti i Paesi il più estraneo all'Inghilterra, e «non esiste niente al mondo che sia così squisitamente comico come la serietà di un inglese».
Invece secondo A. Gide «gli sprazzi verbali scintillanti come gioielli falsi» non sono che un paravento, dietro il quale traspare «bizzarramente» il vero e inconfessabile nocciolo «di un interesse psicologico potente».
Ma forse è lo stesso Wilde che può dire l'ultima parola. J. Joyce ha scritto: «L'autodifesa di Oscar Wilde nello "Scots Observer" deve ritenersi valida dinanzi alla sbarra della critica spassionata. Ognuno vede il proprio peccato in Dorian Gray [...]. Quale fu il peccato di Dorian Gray nessuno lo dice e nessuno lo sa. Chi lo scopre l'ha commesso».

DONNE

Le donne non si comprendono: si amano!

La Sfinge senza segreti

La forza di noi donne ci viene dal fatto
che la psicologia non può spiegarci.
Gli uomini possono essere analizzati, le donne…
solamente adorate.
Un marito ideale

Preferisco le donne con un passato:
la loro conversazione è decisamente più divertente.
Il ventaglio di Lady Windermere

Ha un dono straordinario per gli affetti familiari:
quando morì il suo terzo marito i capelli, dal dolore,
le diventarono completamente biondi.
Il ritratto di Dorian Gray

Le donne hanno un istinto meraviglioso per le cose:
riescono a scoprire ogni dettaglio, eccetto l'evidenza.
Un marito ideale

La metà delle donne carine di Londra fuma sigarette.
Personalmente preferisco l'altra metà.

Le donne non hanno mai niente da dire, ma lo dicono deliziosamente. Le donne rappresentano il trionfo della materia sull'intelletto, esattamente come gli uomini rappresentano il trionfo dell'intelletto sulla morale.
Il ritratto di Dorian Gray

«Il tuo vestito è squallidamente semplice e i tuoi capelli danno l'impressione di essere come madre natura li aveva voluti. Ma li possiamo cambiare velocemente. Una brava cameriera francese ottiene, in men che non si dica, risultati incredibili. Mi è successo di raccomandarne una a Lady Lancing e dopo tre mesi nemmeno suo marito la riconosceva più.»
«E dopo sei mesi nessuno voleva più conoscerla.»
L'importanza di chiamarsi Ernesto

L'uomo, questa povera creatura impacciata, fedele, indispensabile, fa parte di un sesso che è stato ragionevole per milioni e milioni di anni. E non può comportarsi diversamente: è nel suo sangue. Profondamente diversa è la storia della donna. Da sempre noi siamo state delle ribelli rispetto alla pura esistenza del buon senso: fin dall'inizio ne abbiamo visto i pericoli.
Una donna senza importanza

«... vorrei darvi qualche buon consiglio.»
«Oh, no! Vi prego! Non si dovrebbe mai dare a una donna qualcosa che lei non possa indossare la sera.»
Un marito ideale

Se una donna si pente veramente
è necessario che vada da una cattiva sarta;
in caso contrario nessuno le crederà.
Il ventaglio di Lady Windermere

In questo mondo gramo,
quanta poca pietà c'è per noi donne!
Gli uomini ci spingono fino all'abisso per poi abbandonarci proprio nel momento in cui vi stiamo precipitando.
La duchessa di Padova

Non credo che esistano donne puritane.
Penso che non ci sia al mondo donna che non si sentirebbe lusingata se fosse oggetto di un po' di corteggiamento.
È proprio questo a rendere le donne così adorabili.
Una donna senza importanza

Suppongo che, quando un uomo ha amato tempo addietro una donna, egli farebbe qualsiasi cosa per lei, eccetto che continuare ad amarla.
Un marito ideale

Le donne ci amano per i nostri difetti:
se ne possediamo a sufficienza, ci perdonano ogni cosa,
perfino l'intelligenza.
Il ritratto di Dorian Gray

C'è solamente una vera tragedia nella vita di una donna: il fatto che il suo passato sia sempre il suo amante e che il suo futuro sia inevitabilmente suo marito.
Un marito ideale

Il pianto è il rifugio delle donne comuni,
ma è anche la rovina delle donne belle.
Il ventaglio di Lady Windermere

Trentacinque anni è un'età estremamente piacevole per una donna: la società londinese è piena di donne che sono ferme a trentacinque anni.
Per esempio, Lady Dumbleton si è fermata a trentacinque anni da quando ne ha compiuti quaranta, il che è successo parecchio tempo fa.
L'importanza di chiamarsi Ernesto

«Le donne hanno conquistato un'eccessiva vivacità di spirito, e non c'è niente che rovini l'amore quanto lo spirito in una donna.»
«O la mancanza di spirito in un uomo.»
Una donna senza importanza

Una donna non deve essere mai troppo precisa
circa la sua età, in caso contrario
dà sempre l'impressione di essere una calcolatrice...
L'importanza di chiamarsi Ernesto

In questo mondo nessun uomo ha un reale successo se non ha delle donne che lo sostengono. Le donne dirigono la società. Se non ci sono delle donne dalla vostra parte potete farla finita: siete perduto.
Una donna senza importanza

Ogni donna è una ribelle,
e di solito violentemente in rivolta contro se stessa.
Una donna senza importanza

… le donne sono le artiste più grandi di questo mondo:
esse modellano la vita quotidiana dell'uomo,
degradata dall'avidità, e la trasformano con il loro amore.
La duchessa di Padova

Le donne ci ispirano il desiderio di fare dei capolavori,
ma ci impediscono sempre di realizzarli.
Il ritratto di Dorian Gray

Ogni donna deve combattere contro la morte
per salvare i propri figli.
La morte, non avendo figli suoi, pretende i nostri da noi.
Una donna senza importanza

«Credete che la scienza abbia difficoltà ad afferrare il problema delle donne?»
«L'irrazionale non può mai essere afferrato dalla scienza: questo è il motivo per cui essa non ha un futuro in questo mondo.»
«Le donne rappresentano l'irrazionale?»
«Le donne vestite bene, sì.»
Un marito ideale

Se si lasciasse fare alle donne, tutte le commedie avrebbero un finale tragico e tutte le tragedie finirebbero in farsa. Sono deliziosamente artificiose, ma non possiedono alcun senso artistico.
Il ritratto di Dorian Gray

Ieri sera aveva messo troppo rossetto e pochi vestiti:
un chiaro segno di disperazione in una donna.
Un marito ideale

«Noi uomini conosciamo la vita troppo presto.»
«E noi donne la conosciamo troppo tardi.
In questo sta la differenza fra uomini e donne.»
Una donna senza importanza

«Che genere di donna è?»
«È un genio di giorno e una bellezza di notte.»
Un marito ideale

Mai si dovrebbe credere a una donna
che dice la sua vera età.
Una donna che la dichiara, è capace di dire qualsiasi cosa.
Una donna senza importanza

«È carina?»
«Si comporta come se fosse bella. Quasi tutte le americane fanno così: è il segreto del loro fascino.»
Il ritratto di Dorian Gray

L'unico modo corretto di comportarsi con una donna
è quello di farle la corte se è bella,
e di farla a un'altra se è brutta.
L'importanza di chiamarsi Ernesto

Posso accettare che le donne senza fascino siano puritane:
è l'unica scusa che possono avere per non avere fascino.
Una donna senza importanza

Non c'è niente al mondo che si adatti così poco
a una donna quanto una coscienza non conformista.
Il ventaglio di Lady Windermere

Quanto piacciono alle donne le cose pericolose!
[...]
Una donna flirterebbe con chiunque,
purché ci fosse qualcuno a guardare.
Il ritratto di Dorian Gray

Le donne si difendono attaccando,
ed i loro attacchi sono fatti di strane e brusche
capitolazioni.
Aneddoto raccontato su O.W.

Fra uomo e donna non può esserci amicizia.
Vi può essere passione, ostilità, adorazione,
amore, ma non amicizia.
Il ventaglio di Lady Windermere

Fornite alle donne occasioni adeguate
e le donne potranno fare di tutto.

Se si ama veramente una donna,
tutte le altre appaiono insignificanti.
Il ventaglio di Lady Windermere

Un uomo che moraleggia è di solito un ipocrita,
una donna che moraleggia è inevitabilmente brutta.
Il ventaglio di Lady Windermere

Algernon – La donna diventa sempre come sua madre.
È la sua tragedia. L'uomo mai. Ed è la sua tragedia.
Jack – Sarebbe un'osservazione intelligente?
Algernon – È formulata in maniera impeccabile!
E non è meno vera di quanto debba esserlo una qualsiasi osservazione fatta tra gente civile.
L'importanza di chiamarsi Ernesto

Le donne belle non hanno il tempo
di essere gelose dei loro mariti...
sono sempre occupate ad essere gelose dei mariti
delle altre!
Una donna senza importanza

La storia delle donne è la storia della peggiore
forma di tirannia che il mondo abbia mai conosciuto:
quella del debole che domina il forte.
È l'unica tirannia che resiste al tempo.
Una donna senza importanza

«Naturalmente, ai miei tempi eravamo educate a non capire niente: era il vecchio sistema, un sistema straordinariamente interessante. Non vi dico la quantità di cose che avevano insegnato, a me e alla mia povera sorella, a non capire! Adesso mi hanno detto che le donne moderne capiscono tutto.»
«Tranne i loro mariti. Sono la sola cosa che le donne moderne non capiscono mai.»
Un marito ideale

Non mi piacciono i complimenti e non vedo perché un uomo debba pensare di deliziare una donna quando le dice un sacco di cose che in realtà non pensa.
Il ventaglio di Lady Windermere

Il mondo è fatto per gli uomini, non per le donne!
Una donna senza importanza

UOMINI

Chiunque può far parte della Storia.
Solo un grand'uomo la può scrivere.
Il critico come artista

Un uomo vuole sempre essere il primo amore di una donna: questa è la sua sciocca vanità. Noi donne abbiamo un istinto più fine nelle cose: ci piace essere l'ultima avventura di un uomo.
Un marito ideale

Ascoltare può essere una cosa molto pericolosa. Ascoltando ci si può convincere, e un uomo che si fa convincere da un ragionamento è una persona totalmente irragionevole.
Un marito ideale

Mi piacciono gli uomini che hanno un futuro
e le donne che hanno un passato.
Il ritratto di Dorian Gray

Il vero stolto, colui che gli dèi deridono
o che portano alla rovina,
è colui che non conosce se stesso.
De profundis

«Chi è un uomo perverso?»
«L'uomo che ammira l'innocenza.»
«E una donna perversa?»
«La donna di cui un uomo non è mai stanco.»
Una donna senza importanza

Soltanto chi è poco profondo può conoscere se stesso.
Frasi e filosofie ad uso dei giovani

Scelgo gli amici per la loro bellezza,
i conoscenti per il loro buon carattere
e i nemici per la loro intelligenza.
Il ritratto di Dorian Gray

Che poveri uomini sono coloro che,
come prigionieri in carcere,
guardano con invidia la gioia degli altri;
e non riescono neppure a mangiare senza pensare
a quanto il cibo costi.
La verità delle maschere

Gli uomini hanno un'espressione così stupida
quando vengono colti di sorpresa…
E si fanno sempre sorprendere.
Un marito ideale

Esistono solo due categorie di persone realmente
affascinanti: coloro che sanno assolutamente tutto
e coloro che non sanno assolutamente nulla.
Il ritratto di Dorian Gray

È assurdo dividere le persone in buone e cattive:
le persone sono o piacevoli, o noiose.
Il ventaglio di Lady Windermere

«Nessuna donna, bella o brutta, ha del buon senso.
Il buon senso è prerogativa del nostro sesso.»
«Esatto. E noi uomini siamo talmente disinteressati,
talmente spinti da uno spirito d'abnegazione,
che non ne facciamo assolutamente uso, vero?»
Un marito ideale

Probabilmente un uomo non si trova mai tanto
a suo agio come quando recita una parte.
Il ritratto di Dorian Gray

«Quando l'opera di un uomo è facile da capire,
ogni spiegazione è inutile…»
«E quando è incomprensibile, spiegarla è una cattiveria.»
Il critico come artista

Le persone bene educate contraddicono gli altri;
le persone sagge contraddicono se stesse.
Frasi e filosofie ad uso dei giovani

I mariti delle donne molto belle
appartengono alla malavita.
Il ritratto di Dorian Gray

Gli uomini che vivono unicamente
per il piacere sono sempre scapoli.
L'importanza di chiamarsi Ernesto

Niente urta di più della calma.
Nel carattere pacifico di molti uomini moderni
c'è un qualcosa di veramente brutale.
Una donna senza importanza

Se una donna si risposa vuol dire che detestava il primo marito. Se un uomo si risposa vuol dire che adorava la prima moglie. Le donne tentano la fortuna, gli uomini la mettono a repentaglio.
Il ritratto di Dorian Gray

Ci sono tanti Amleti quante malinconie.
Il critico come artista

Quando gli uomini rinunciano alle cose piacevoli,
rinunciano anche al pensiero di ciò che è piacevole.
Il ventaglio di Lady Windermere

Ai giorni nostri tutti gli uomini sposati vivono da scapoli
e tutti gli scapoli fanno una vita da sposati.
Il ritratto di Dorian Gray

L'uomo ideale...
non dovrebbe mai fare la corte alle donne carine.
Ciò dimostrerebbe che non ha gusto
o farebbe pensare agli altri che ne ha troppo.
Una donna senza importanza

Tutti gli uomini sono dei mostri.
Non c'è altro da fare che nutrirli bene.
Un bravo cuoco fa miracoli.

La bellezza è una trappola in cui ogni uomo
di buon senso sarebbe felice di cadere.
L'importanza di chiamarsi Ernesto

La casa, è il vero ambiente di un uomo, e quando esso comincia a trascurare i suoi doveri domestici diventa troppo simile ad una donna, e questo non mi piace.
Rende gli uomini troppo attraenti.
L'importanza di chiamarsi Ernesto

Nessun uomo sposato è mai attraente tranne
che per sua moglie e spesso, mi dicono, nemmeno per lei.
L'importanza di chiamarsi Ernesto

Un uomo chiacchierato ha sempre qualcosa di attraente.
Deve esserci qualcosa in lui, dopo tutto.
L'importanza di chiamarsi Ernesto

Il vile uccide mentre porge un bacio | e l'uomo coraggioso con la strage.
La ballata del carcere di Reading

L'uomo gentile adopera il coltello | perché il freddo mortale sia più rapido.
La ballata del carcere di Reading

Quando un uomo agisce è un burattino.
Quando scrive è un poeta.

Gli uomini che sono dei bravi mariti
sono terribilmente noiosi,
mentre diventano terribilmente presuntosi
quando non lo sono.

Un uomo può essere felice
con qualsiasi donna finché non la ama.

GIOVENTÙ E VECCHIAIA

Mio caro, non ditemi che avete esaurito la vita.
Quando un uomo dice una cosa simile,
si capisce che è la vita ad avere esaurito lui.
Il ritratto di Dorian Gray

Sono sempre stata dell'idea che un uomo
che intende sposarsi dovrebbe avere un'età in cui
o sa tutto, o non sa nulla.
L'importanza di chiamarsi Ernesto

Gli uomini che meditano sui sogni infausti
non fanno che buttar via il loro tempo.
La verità delle maschere

Per riavere la mia gioventù non c'è niente che non farei…
eccetto che fare sport, alzarmi presto
o diventare un personaggio socialmente utile.
Una donna senza importanza

I giovani vorrebbero essere fedeli, e non lo sono;
i vecchi vorrebbero essere infedeli, e non possono.
Il ritratto di Dorian Gray

Oggigiorno i giovani sono spaventosi:
non hanno il benché minimo rispetto per i capelli tinti.
Il ventaglio di Lady Windermere

Sono rari i genitori, al giorno d'oggi,
che prestano attenzione a ciò che dicono i figli:
l'antico rispetto per la gioventù è morto!
L'importanza di chiamarsi Ernesto

Mi piacerebbe che così non fosse,
ma la saggezza viene con gli inverni.
La verità delle maschere

È drammatico quanti giovani inglesi oggigiorno incomincino la vita con un profilo perfetto e si ritrovino invischiati in qualche professione utile.
Frasi e filosofie ad uso dei giovani

Ai giorni nostri essere vecchi non è assolutamente
una garanzia sufficiente di rispettabilità.
L'importanza di chiamarsi Ernesto

L'anima nasce vecchia, ma cresce giovane.
Questa è la commedia della vita.
E il corpo, nato giovane, diventa vecchio.
Questa è la tragedia della vita.
Una donna senza importanza

Mi diverto proprio a sentir parlare male dei miei parenti:
è l'unica cosa che mi dà la forza di sopportarli.
I parenti sono noiosi, non sanno assolutamente
come si debba vivere e neanche quando sia il momento
giusto per andarsene all'altro mondo.
L'importanza di chiamarsi Ernesto

La gioventù sorride senza una ragione,
e questo è il suo fascino.
Il ritratto di Dorian Gray

L'ozio è la condizione della perfezione,
e il fine della perfezione è la gioventù.
Frasi e filosofie ad uso dei giovani

I figli iniziano con l'amare i loro genitori. Poi li giudicano.
Raramente, per non dire mai, li perdonano.
Una donna senza importanza

Io sono troppo vecchia per potermi preoccupare
di dare il buon esempio, ma apprezzo sempre chi lo fa.
Un marito ideale

La tragedia della vecchiaia non sta nell'essere vecchi,
ma nell'essere giovani.
Il ritratto di Dorian Gray

L'esitazione è sempre un chiaro sintomo di decadenza
mentale nei giovani, di debolezza fisica nei vecchi.
L'importanza di chiamarsi Ernesto

Per recuperare la giovinezza basta ripetere le proprie
follie. [...] le uniche cose che non si rimpiangono mai
sono proprio gli errori.
Il ritratto di Dorian Gray

Che cos'era, in fin dei conti, la giovinezza?
Un'età acerba, immatura.
Un periodo di umori superficiali e di pensieri morbosi.
Il ritratto di Dorian Gray

I vecchi credono in tutto. Le persone di mezza età sospettano di tutto. I giovani sanno tutto.
Frasi e filosofie ad uso dei giovani

Lord Illingworth: «Non c'è niente come i giovani. Quelli di mezza età sono dedicati alla Vita. I vecchi sono con un piede nella fossa. Ma i giovani sono i veri signori della Vita. I giovani hanno un regno che li attende. Ognuno di noi nasce re e la maggior parte della gente muore in esilio, come la maggior parte dei re.»
Una donna senza importanza

La giovinezza è l'unica cosa che valga la pena di avere.

Non sono abbastanza giovane per sapere tutto.

MENZOGNA
E VERITÀ

Dicendo la verità si è più che certi che, presto o tardi, si verrà scoperti.
Frasi e filosofie ad uso dei giovani

Una cosa non è necessariamente vera
perché un uomo è morto per essa.

Se una persona è tanto a corto di fantasia
da produrre delle prove a sostegno di una bugia,
tanto vale che dica fin dall'inizio la verità.
La decadenza della menzogna

Le cose di cui ci sentiamo assolutamente sicuri
non sono mai vere.
Il ritratto di Dorian Gray

Cerco di liberarmi il prima possibile della verità.
Che, detto fra noi, è pure una brutta abitudine.
Rende parecchio impopolari al club,
soprattutto fra i soci anziani:
essi la chiamano presunzione.
Un marito ideale

«È tremendo per un uomo scoprire all'improvviso
che per tutta la sua vita non ha detto che la verità.
Potrai perdonarmi?»
«Sì, ci riuscirò. Sono certa che cambierai.»
L'importanza di chiamarsi Ernesto

«Io annuncio le verità di domani.»
«Io preferisco gli errori di ieri.»
Il ritratto di Dorian Gray

Mai la verità è pura e semplice.
La vita moderna risulterebbe troppo noiosa
se la verità fosse pura e semplice,
e la letteratura sarebbe addirittura impossibile.
L'importanza di chiamarsi Ernesto

È veramente mostruoso come ai giorni nostri la gente
vada raccontando alle nostre spalle
cose assolutamente e completamente vere.
Il ritratto di Dorian Gray

Una verità cessa di essere vera
quando in essa vi crede più di una persona.
Frasi e filosofie ad uso dei giovani

Mio caro, la verità non è certo una cosa da dire
a una signorina bella e fine.
Hai delle idee stravaganti rispetto al modo
di comportarsi con le donne!
L'importanza di chiamarsi Ernesto

PECCATI, VIZI E VIRTÙ UMANI

La morale non mi aiuta.
Sono un trasgressivo per natura.
Non sono fatto per le leggi, ma per le eccezioni.
E, mentre osservo che non esiste errore in ciò che si fa,
vedo che c'è errore in ciò che si diventa.
De profundis

Il fascino di alcuni peccati risiede più nel ricordarli
che nel commetterli.
Il ritratto di Dorian Gray

Il vizio peggiore è la superficialità:
tutto ciò che si riesce a capire è giusto.
De profundis

L'indifferenza è la vendetta che il mondo
si prende sulle persone mediocri.
Vera o i nichilisti

Si può esprimere un'opinione realmente spassionata solo su cose che non ci interessano: indubbiamente questa è la ragione per cui un'opinione spassionata è sempre e assolutamente senza valore.
L'ultimo volume di Mr. Pater

Anche nella vita reale l'egocentrismo ha delle attrattive. Quando qualcuno ci parla di sé, è quasi sempre interessante e se, nel momento in cui diventa noioso, fosse possibile zittirlo chiudendogli la bocca con la stessa facilità con cui si chiude un libro che ci ha stancati, avremmo l'assoluta perfezione.
Il critico come artista

È meglio essere belli piuttosto che buoni
ma è meglio essere buoni piuttosto che brutti.

C'è molto da dire in favore della stupidità,
molto di più di quanto ci si immagini.
Personalmente stimo moltissimo la stupidità.
Un marito ideale

«Non ne posso più della gente intelligente.
Oggigiorno tutti sono intelligenti. Non si può andare
da nessuna parte senza imbattersi in persone intelligenti:
la cosa si sta trasformando in un pericolo pubblico.
Si starebbe meglio se ci fossero ancora degli stupidi.»
«Ce ne sono.»
«Sarei ben lieto di incontrarli. E di che cosa parlano?»
«Gli stupidi? Parlano delle persone intelligenti.»
«Che stupidi!»
L'importanza di chiamarsi Ernesto

Soltanto le qualità superficiali perdurano: la natura più
profonda dell'essere umano ben presto viene a galla.
Frasi e filosofie ad uso dei giovani

L'egoismo non sta nel vivere come si desidera vivere,
ma nell'imporre agli altri di vivere come si desidera vivere.
L'anima dell'uomo sotto il socialismo

Preferisco le persone ai princìpi, e preferisco
più di ogni cosa al mondo le persone senza princìpi.
Il ritratto di Dorian Gray

L'istruzione è senz'altro una cosa degna di ammirazione, ma ogni tanto è necessario ricordare che non si può insegnare nulla che valga la pena di sapere.
Il critico come artista

Che cos'è un cinico?
Uno che conosce il prezzo di ogni cosa e il valore di nulla.
Il ventaglio di Lady Windermere

Esiste una specie di fatalità in tutti i buoni propositi: vengono sempre fatti troppo presto.
Frasi e filosofie ad uso dei giovani

La maggior parte delle persone artificiali nutre una grande passione per la natura.
Penna, matita e veleno

Ai giorni nostri, un uomo che si veste come gli pare e piace viene definito affettato. Ma rispetto a queste cose, l'affettazione sta proprio nel vestirsi secondo i dettami del prossimo, le cui idee, visto che sono le idee della maggioranza, sono con ogni probabilità estremamente stupide.
L'anima dell'uomo sotto il socialismo

Le virtù! Qualcuno sa che cosa sono le virtù? Tu no, e io nemmeno! Giustiziare un criminale, come facciamo, gratifica la nostra vanità: se lo lasciassimo vivere potrebbe mostrarci quello che abbiamo guadagnato con il suo delitto.
Il critico come artista

Siamo sempre buoni quando siamo felici,
ma non siamo sempre felici quando siamo buoni.
Il ritratto di Dorian Gray

Schopenhauer ha analizzato il pessimismo del pensiero moderno, ma fu Amleto a inventarlo. Il mondo si è fatto triste perché una volta un burattino fu malinconico.
La decadenza della menzogna

Una conversazione erudita è l'ostentazione degli ignoranti, oppure la professione dei disoccupati.
Il critico come artista

La ragione per cui molti sono felici di scoprire i segreti degli altri è che ciò distrae l'attenzione pubblica dai loro.
Un marito ideale

«Che cosa significa essere sensibili?»
«Significa che una persona, che soffre di calli alle dita dei piedi, pesta sempre i piedi degli altri.»
Il notevole razzo

Posso resistere a qualsiasi cosa, tranne che alla tentazione.
Il ventaglio di Lady Windermere

La modestia può diventare facilmente un vizio sociale, e continuare a chiedere scusa per la propria ignoranza o stupidità è un danno gravissimo per la conversazione.
Aristotele al tè

I brutti e gli stupidi hanno in questo mondo la sorte migliore e possono permettersi di stare seduti a guardare la commedia. Non conoscono la vittoria, ma contemporaneamente non sono costretti a subire la sconfitta.
Il ritratto di Dorian Gray

L'unica differenza fra un santo e un peccatore è che ogni santo ha un passato e tutti i peccatori hanno un futuro.
Una donna senza importanza

L'Individualismo non esercita nessuna coercizione sull'essere umano, anzi, consiglia all'uomo di non tollerare che venga esercitata su di lui alcuna coercizione. Non cerca di imporre alle persone di essere buone: sa perfettamente che le persone sono buone quando sono lasciate in pace.
L'anima dell'uomo sotto il socialismo

Per quanto riguarda il credere, posso credere qualsiasi cosa, basta che sia completamente incredibile.
Il ritratto di Dorian Gray

È decisamente più difficile parlare di una cosa che farla. E ciò è tanto più evidente sul piano della vita reale. Chiunque può fare la storia, ma solo un grand'uomo può scriverla. Qualsiasi azione o emozione la condividiamo con gli animali inferiori: è soltanto grazie al linguaggio che ci eleviamo su di loro...
Il critico come artista

A questo mondo c'è solamente una cosa peggiore del far parlare di sé, ed è il non far parlar di sé.
Il ritratto di Dorian Gray

Ai giorni nostri nessuna persona, con una vera cultura, parla della bellezza di un tramonto. I tramonti sono completamente fuori moda. [...] Restare estasiati davanti a loro è un preciso segno di natura provinciale. Comunque, i tramonti insistono a manifestarsi.
La decadenza della menzogna

La popolarità è l'unico insulto che non ho mai
potuto sopportare.
La duchessa di Padova

Tempo fa avevamo l'abitudine di canonizzare gli eroi, la prassi moderna è di volgarizzarli. Saranno anche piacevoli le edizioni economiche dei grandi libri, ma le edizioni economiche dei grandi uomini sono odiose.
Il critico come artista

L'essere umano può credere nell'impossibile,
ma non crederà mai nell'improbabile.
La decadenza della menzogna

Nulla riesce a curare l'anima come i sensi e, nello
stesso modo, nulla riesce a curare i sensi come l'anima.
Il ritratto di Dorian Gray

Esperienza è il nome che gli uomini danno ai propri errori.
Vera o i nichilisti

Tutte le persone incapaci di imparare
si sono messe a insegnare.
La decadenza della menzogna

C'è il cielo e l'inferno in ognuno di noi.
Il ritratto di Dorian Gray

Per principio era sempre in ritardo:
teorizzava che la puntualità fosse la ladra del tempo.
Il ritratto di Dorian Gray

Ho paura che tu abbia ascoltato i discorsi di qualcuno più vecchio di te. Ciò è sempre pericoloso, e se dovesse diventare un'abitudine ti troverai a fare i conti con il blocco di qualunque sviluppo intellettuale.
Il critico come artista

«... mi dice cose che mi annoiano: mi dà buoni consigli.»
«La gente ama dare ciò che avrebbe più bisogno di ricevere.
È quello che io chiamo il pozzo delle generosità.»
Il ritratto di Dorian Gray

Il solo sistema per farsi perdonare di esagerare,
ogni tanto, nell'eleganza del vestire è di esagerare,
sempre, nell'educazione.
Frasi e filosofie ad uso dei giovani

Essere buoni significa essere in armonia con se stessi.
Il contrasto nasce invece dall'essere costretti
ad essere in armonia con gli altri.
Il ritratto di Dorian Gray

Gli errori che risultano fatali nella vita non sono dettati dall'irrazionalità umana, anzi: un attimo di irrazionalità può anche essere splendido. Gli errori sono legati alla logica umana.
De profundis

La cosiddetta operosità è semplicemente il rifugio di coloro che non hanno assolutamente nulla da fare.
[...]
L'azione poggia sulla carenza di fantasia.
È l'ultimo espediente di chi non sa sognare.
Il critico come artista

La vera morale della storia è che qualsiasi eccesso, così come qualsiasi rinuncia, porta con sé la propria punizione.
In difesa di "Dorian Gray"

La genuina perfezione dell'essere umano
non sta in ciò che l'uomo ha, ma in ciò che l'uomo è.
L'anima dell'uomo sotto il socialismo

Indubbiamente ha una facoltà meravigliosa:
ricorda i nomi delle persone e ne dimentica il volto.
Una donna senza importanza

È estremamente facile essere gentili
con le persone di cui non ci importa nulla.
Il ritratto di Dorian Gray

Pensare è in assoluto la cosa più nociva: le persone ne muoiono, esattamente come muoiono di qualsiasi altra malattia. Per nostra fortuna, almeno in Inghilterra, il pensiero non è contagioso.
La decadenza della menzogna

Molte persone si rovinano l'esistenza con un insano ed eccessivo altruismo: del resto sono costretti a rovinarsela perché si trovano circondati da una miseria disgustosa, da sudiciume disgustoso, da una fame disgustosa.
L'anima dell'uomo sotto il socialismo

«Credevo che la personalità fosse un elemento di disturbo.»
«Al contrario: è un elemento rivelatore. Se si vuole comprendere gli altri bisogna intensificare il proprio individualismo.»
Il critico come artista

Adoro gli scandali che riguardano gli altri,
ma quelli che riguardano me non mi interessano:
non hanno il fascino della novità.
Il ritratto di Dorian Gray

Il generale era un uomo veramente pacifico,
tranne che fra le pareti di casa sua.
L'importanza di chiamarsi Ernesto

Agli esami gli sciocchi fanno domande
a cui i saggi non sanno rispondere.
Frasi e filosofie ad uso dei giovani

La moralità è solamente il modo di atteggiarsi
che si prende nei confronti delle persone che si detestano.
Un marito ideale

L'ultimo rifugio dei falliti è l'ambizione.
Frasi e filosofie ad uso dei giovani

Il desiderio frenetico di vivere è,
fra tutti gli appetiti umani, il più terribile.
Il ritratto di Dorian Gray

Giocare con il fuoco ha il vantaggio
di non farci scottare mai. Si scottano soltanto
coloro che con il fuoco non sanno giocare.
Una donna senza importanza

Era abbastanza eccentrico, ma solo verso la fine dei suoi giorni. Forse a causa del clima indiano, di sua moglie, della cattiva digestione e di tutta una serie di altre cose.
L'importanza di chiamarsi Ernesto

C'è un'unica cosa orribile al mondo: la noia.
È il solo peccato che non trova perdono.
Il ritratto di Dorian Gray

Come risulta a chiunque abbia letto la storia,
la disubbidienza è la virtù originale dell'essere umano.
È grazie alla disubbidienza che si è avuto il progresso:
con la disubbidienza e con la ribellione.
L'anima dell'uomo sotto il socialismo

In tutto ciò che non ha importanza è lo stile,
non la sincerità, ad essere essenziale.
In tutto ciò che ha importanza è lo stile,
non la sincerità, ad essere essenziale.
Frasi e filosofie ad uso dei giovani

Un po' di sincerità è una cosa pericolosa, ma molta è assolutamente fatale.
Il critico come artista

Ai giorni d'oggi la maggior parte delle persone muoiono di uno strisciante buon senso comune e scoprono quando è troppo tardi che le uniche cose che non rimpiangono sono i propri errori.
Il ritratto di Dorian Gray

Solo le persone noiose sono brillanti a colazione.
Un marito ideale

È sempre una cosa sciocca dare consigli,
ma dare buoni consigli è fatale.

L'unica cosa peggiore del far parlare di sé
è il non far parlare di sé.

L'unica cosa da fare con un buon consiglio è passarci sopra.
Non è mai di alcuna utilità per se stessi.

Esperienza è il nome che tutti danno ai propri errori.
Il ventaglio di Lady Windermere

La gran parte delle persone sono altre persone.
I loro pensieri sono opinioni di qualcun altro,
la loro vita uno scimmiottare, le loro passioni una citazione.
De profundis

La coscienza e la codardia sono davvero la stessa cosa.
Coscienza è il nome commerciale dell'istituzione.

Qualsiasi preoccupazione per ciò che è giusto o sbagliato nel nostro modo di agire è segno di sviluppo cerebrale.

Ciò che le persone chiamano falsità è soltanto un metodo con cui possiamo moltiplicare le nostre personalità.

AMICIZIA

Che cosa c'è di bello nell'amicizia
se non che ci si può dire serenamente ciò che si pensa.

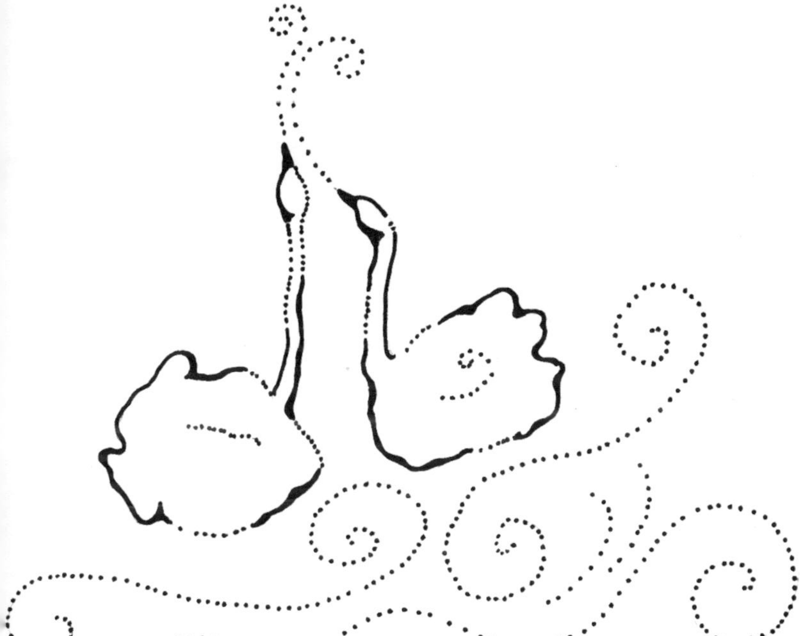

Si sa che per avere degli amici basta possedere
una buona natura. Ma quando uno resta senza nemici
è segno che ha qualcosa di meschino in sé.
Vera o i nichilisti

... il cemento di ogni rapporto, tanto nel matrimonio come nell'amicizia, è la conversazione e, quando le due persone possiedono culture diverse, l'unico punto d'incontro è al livello più basso.
De profundis

Chiunque può simpatizzare per le sofferenze di un amico,
ma richiede una natura molto sensibile simpatizzare
per il successo di un amico.
L'anima dell'uomo sotto il socialismo

Una risata non è per niente un cattivo inizio
di un'amicizia ed è di gran lunga la sua fine migliore.

Una conoscenza che comincia con un complimento di sicuro si svilupperà in amicizia vera. Incomincia nella maniera giusta.

Non si può cavar fuori l'affetto con il coltello.
Risvegliare la gratitudine in un ingrato
è inutile quanto cercare di resuscitare col pianto i morti.

Si può sopportare con serenità la mancanza di amici.
Ma anche una temporanea assenza di qualcuno
che ci è stato appena presentato è insopportabile.

Mi viene da dire che se lo conoscessi
non sarei per niente suo amico.
È cosa pericolosa conoscere i propri amici.

Preferirei perdere più in fretta il mio miglior amico
piuttosto che il mio peggior nemico.
Per avere amici basta essere altruisti,
ma l'uomo che non ha nemici deve essere infimo.

Ritengo che la generosità sia l'essenza dell'amicizia.

AMORE

L'amore è un'illusione.

L'amore e la golosità giustificano tutto.

Chi, se amato, è povero?

Noi donne amiamo con le nostre orecchie, come qualcuno afferma, come voi uomini amate con gli occhi, se mai amate.
Il ritratto di Dorian Gray

Le persone che mi hanno amato – non sono molte ma alcune ci sono – hanno continuato a sopravvivere molto tempo dopo che io avevo smesso di curarmi di loro o loro di me.

Ciò che più affascina è l'incertezza.
La nebbia rende meravigliose le cose.
Il ritratto di Dorian Gray

Qualunque timore rispetto al fatto di che cosa sia giusto o sbagliato nel modo di comportarsi dimostra un arresto nello sviluppo intellettuale.
Frasi e filosofie ad uso dei giovani

Un buon conversatore, se incontra a un pranzo un genio e un duca, tenta di innalzarsi al livello del primo e di abbassare il secondo al proprio livello.
Aristotele al tè

Si rimpiange la perdita anche delle peggiori abitudini. Anzi, sono forse quelle che si rimpiangono di più, perché costituiscono una parte decisamente determinante della nostra personalità.
Il ritratto di Dorian Gray

Non era abbastanza intelligente per avere dei nemici.
Il ritratto di Dorian Gray

Oggigiorno la gente ha il vizio di domandare, dopo che si è espressa loro un'idea, se si è seri o no. Niente è serio, tranne la passione.
Una donna senza importanza

La malvagità è un mito creato dai buoni per spiegare l'insolita attrattiva che alcune persone hanno su di loro.
Frasi e filosofie ad uso dei giovani

Non si dovrebbe mai fare nulla di cui non si possa parlare dopo pranzo.
Il ritratto di Dorian Gray

Tutto ciò che so è che la vita non può essere sentita se non con molta carità, non può essere vissuta senza molta carità. È l'amore che ci dà l'unica vera spiegazione del mondo, non la filosofia tedesca...
Un marito ideale

L'unica differenza tra un capriccio
e una passione che dura tutta la vita
è che il capriccio dura un po' più a lungo.
Il ritratto di Dorian Gray

Noi tutti abbiamo piedi d'argilla, le donne come gli uomini. Ma quando noi uomini amiamo le donne le amiamo ben consapevoli delle loro debolezze, delle loro stranezze, dei loro difetti: anzi, può essere che proprio per questo le amiamo di più. Non è il perfetto, ma l'imperfetto ad avere bisogno d'amore.
Un marito ideale

«Mi sai dire che cos'è l'amore?»
«È consenso, è l'unione di due anime, due spiriti,
due cuori in tutto ciò che credono, sperano, sentono…
[…]
È l'incontro di due mondi in un perenne
scambio reciproco…»
Una tragedia fiorentina

Le persone fedeli conoscono solo
l'aspetto più banale dell'amore,
mentre le persone infedeli ne conoscono le tragedie.
Il ritratto di Dorian Gray

È molto difficile non essere ingiusti quando si ama.
Il critico come artista

Quando si è innamorati si incomincia sempre
con l'ingannare se stessi,
e si finisce sempre con l'ingannare gli altri.

Potrei fingere una passione che non provo,
ma non posso fingerne una che mi arde
come un fuoco dentro.

Volete una nuova eccitazione, Principe. Aspettate…
siete stato sposato per due volte…
e se cercaste di innamorarvi per una volta?
Vera o i Nichilisti

C'è sempre qualcosa di ridicolo
nelle persone che non si amano più.

C'è tanto da fare al mondo, ad eccezione dell'amore.

Che cosa sciocca è l'amore! Non è utile nemmeno per metà rispetto alla logica perché non dà prova di nulla e dice sempre ciò che non si avvera e fa credere ciò che non è reale.

Un bacio può rovinare un'esistenza umana.

Matrimonio

Nel matrimonio l'affetto nasce solo quando i coniugi arrivano a detestarsi.
Un marito ideale

Il solo pregio del matrimonio è la necessità assoluta di una vita di inganni reciproci. Io non ho la più pallida idea di dove sia mia moglie e mia moglie non sa mai ciò che faccio io. Quando ci incontriamo, perché capita talvolta di incontrarci, quando abbiamo un invito a cena o andiamo dal Duca, ci raccontiamo a vicenda le storie più incredibili con l'espressione più seria del mondo.
Il ritratto di Dorian Gray

Gli uomini si sposano perché sono stanchi,
le donne perché sono curiose.
E tutti e due finiscono delusi.
Una donna senza importanza

Pranzate voi due soli a casa? Ma è una cosa prudente?
Ah, già, dimenticavo: vostro marito è un'eccezione.
Il mio invece rappresenta la regola generale,
e niente fa invecchiare tanto velocemente una donna
quanto il fatto di aver sposato la regola generale.
Un marito ideale

Nel matrimonio, tre sono una compagnia, due non lo sono.
L'importanza di chiamarsi Ernesto

Quanto può rovinare un uomo il matrimonio!
È più avvilente delle sigarette e pure molto più costoso!
Il ventaglio di Lady Windermere

Vent'anni d'amore fanno sembrare una donna una rovina, ma vent'anni di matrimonio la rendono simile a un edificio pubblico.
Una donna senza importanza

Il reale inconveniente del matrimonio è che impedisce alle persone di essere egoiste e chi non è egoista è scialbo, manca di individualità.
Il ritratto di Dorian Gray

I nostri mariti non ci apprezzano per niente.
Siamo costrette a rivolgerci agli altri per essere apprezzate.
Un marito ideale

Mio marito è una specie di cambiale a scadenza, e io sono stanca di garantire per lui.
Una donna senza importanza

Non mi piacciono i fidanzamenti lunghi: permettono ai fidanzati di conoscere i reciproci caratteri prima di sposarsi, e ciò non è mai prudente.
L'importanza di chiamarsi Ernesto

Quante sciocchezze si dicono sui matrimoni felici! Un uomo può essere felice con qualsiasi donna, a condizione di non amarla.
Il ritratto di Dorian Gray

È assolutamente romantico essere innamorati,
ma non c'è nulla di romantico
nel fare una proposta di matrimonio.
Con il rischio che venga accettata, per giunta!
Dopo di che tutto l'entusiasmo finisce.
L'essenza del romantico è tutta nella sua incertezza.
Dovessi mai sposarmi, cercherò subito di dimenticarlo.
L'importanza di chiamarsi Ernesto

Il Duca: «Ho notato quanto sia felice il cuore del marito
che si posa su una moglie brutta!».
La duchessa di Padova

Non c'è alcun piacere nell'ingannare un marito
che non si rende conto di niente.

C'è solo una cosa peggiore di un matrimonio senza amore:
un matrimonio in cui c'è amore ma non corrisposto.

È molto pericoloso oggigiorno per un marito rivolgere
attenzioni in pubblico alla propria moglie.
Fa pensare ai più che egli la picchi in privato.

Il matrimonio non è facilmente una cosa che si può fare
di quando in quando, eccetto che in America.

Poligamia: come è più poetico sposarne
una sola e amarne molte.

La base giusta per un matrimonio
è un fraintendimento completo.

Si dovrebbe essere innamorati sempre.
Questo è il motivo per cui non ci si dovrebbe mai sposare.

Per sempre! Questa è un'espressione terrificante.
Mi vengono i brividi a sentirla.
Roviniamo qualsiasi idillio cercando di farlo durare
per sempre.

La bigamia è avere una moglie di troppo.
La monogamia pure.

PIACERE

Qualsiasi cosa diventa un piacere se la si fa molto spesso.
Il ritratto di Dorian Gray

Adoro i piaceri semplici;
essi sono l'ultimo rifugio alla complessità.
Il ritratto di Dorian Gray

Il mio dovere di gentiluomo
non si è mai intromesso nei miei piaceri.
L'importanza di chiamarsi Ernesto

Gli uomini che vivono unicamente per il piacere
sono sempre scapoli.
L'importanza di chiamarsi Ernesto

Il piacere è l'unica cosa sulla quale
è degno avere una teoria.
Il ritratto di Dorian Gray

La sigaretta è il prototipo perfetto del piacere perfetto:
è deliziosa e ci lascia insoddisfatti.
Il ritratto di Dorian Gray

Anche nel ricordo di una gioia c'è dell'amarezza,
così come nella memoria del piacere c'è del dolore.
Il ritratto di Dorian Gray

L'illusione è il primo di tutti i piaceri.

Una passione smodata per il piacere
è il segreto per rimanere giovani.

Lord Goring: «Padre, adoro parlare di niente.
È l'unica cosa di cui so qualcosa».
Lord Caversham:
«Mi sembra che tu viva interamente per il piacere».
Lord Goring: «Per cos'altro vale la pena di vivere?
Niente invecchia come la felicità».
Un marito ideale

«Non ho mai cercato la felicità?
Chi dovrebbe volere la felicità? Ho cercato il piacere.»
«E l'ha trovato signor Gray?»
«Spesso. Troppo spesso.»
Il ritratto di Dorian Gray

È meglio trarre piacere da una rosa che metterne
la radice sotto la lente di un microscopio.

Nessun uomo civile rimpiange mai un piacere,
così come nessun uomo incivile sa ciò che è un piacere.

DOLORE

Diventare spettatore della propria vita
significa sfuggire alle sofferenze della vita.
Il ritratto di Dorian Gray

Noi che siamo in carcere, e che possiamo aspettarci dalla vita solo dolore, necessariamente misuriamo il tempo con i palpiti della sofferenza e con il ricordo dei momenti tristi: solo a questo possiamo pensare. Sebbene possa apparire strano, è il dolore ciò che ci tiene in vita, perché è solo il dolore che ci permette di sentire la vita.
De profundis

Non sto scrivendo questa lettera per portare amarezza nel tuo cuore: lo faccio per strappare l'amarezza dal mio. Sono costretto a perdonarti per il mio stesso bene. Non si può nutrire continuamente una serpe in seno, non ci si può alzare ogni notte per seminare spine nel giardino della propria anima.
De profundis

Proviamo a volte un nobile dolore, che pensiamo darà una rossa e tragica dignità ai nostri giorni; ma poi il dolore se ne va, e cose meno nobili occupano il suo posto. Così, durante una bigia alba ventosa o in una silenziosa e profumata sera argentea, ci scopriamo a contemplare con ottuso stupore, o con sordo cuore di pietra, le trecce di capelli biondi che avevamo follemente ricoperto di baci tempo prima.
Il critico come artista

Quando sono in un guaio l'unica cosa che mi consoli è mangiare. In verità, quando mi ritrovo in un guaio molto serio (te lo dico in confidenza) rifiuto qualsiasi cosa tranne che da mangiare e da bere. In questo momento mangio pasticcini perché sono molto infelice.
L'importanza di chiamarsi Ernesto

La tremenda verità che il dolore è un modo grazie al quale l'essere umano può realizzare se stesso ha esercitato un fascino straordinario sul mondo. [...] Raramente l'ideale, nella storia dell'umanità, è stato un ideale di gioia e di bellezza: il culto del dolore è stato molto più spesso presente nel mondo.
L'anima dell'uomo sotto il socialismo

E se c'erano giornate in cui gioivo all'idea che il mio dolore non avesse mai fine, non potevo comunque sopportare che non avesse un significato. Adesso, in un qualche nascosto meandro della mia natura, trovo qualcosa che mi assicura che nulla al mondo esiste senza significato: meno di tutto il dolore.
De profundis

Le sofferenze e gli amori superficiali vivono a lungo.
I grandi amori e i grandi dolori vengono
distrutti dalla loro stessa pienezza.
Il ritratto di Dorian Gray

Nella vita vera il dolore è, come dice Spinoza
da qualche parte, un passaggio a una perfezione più bassa.
Il critico come artista

La vita in carcere, con i suoi stenti e i suoi divieti infiniti, provoca nell'animo una ribellione. E ciò che è più tremendo è il fatto conseguente: non tanto che ti si spezzi il cuore (i cuori sono per loro natura predisposti a infrangersi) quanto che ti divenga di pietra.
De profundis

Atti vili come le erbacce velenose fioriscono bene nell'aria di prigione; è solo ciò che è buono nell'uomo che lì si spreca e dissecca.
La ballata del carcere di Reading

La solidarietà rispetto il dolore ci sarà sempre.
È un istinto primario nell'essere umano.
Gli animali superiori, cioè quelli che possiedono un'individualità, la condividono con noi. Ma è necessario non scordare che, mentre la solidarietà con la gioia accresce la gioia nel mondo, la solidarietà con il dolore non diminuisce il dolore complessivo nel mondo. Può forse aiutare l'uomo a sopportare il male, ma il male resta.
L'anima dell'uomo sotto il socialismo

... il pensiero che l'odio, l'amarezza e il disprezzo
debbano albergare per sempre nel mio animo,
là dove un tempo c'era solo amore, mi è troppo amaro...
De profundis

La sofferenza è un momento molto lungo.
Non si può dividere in stagioni.
De profundis

Arte, letteratura e musica

Il mondo è creato dal poeta per il sognatore.

Il critico come artista

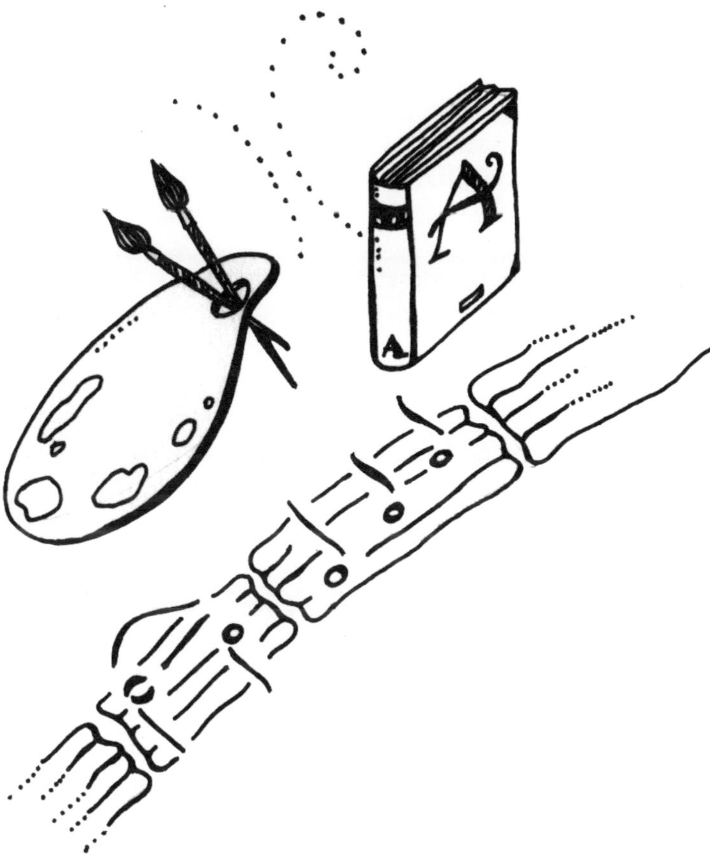

Si può perdonare a un uomo di avere fatto una cosa utile a condizione che non inizi ad ammirarla. L'unica attenuante per colui che fa una cosa inutile è che l'ammiri intensamente. Tutta l'arte è perfettamente inutile.
Il ritratto di Dorian Gray

«Ah, è sempre una cosa molto pericolosa
raccontare una storia con la morale» disse l'Anatra.
E anch'io sono perfettamente d'accordo con lei.
L'amico devoto

Molti nostri pittori inglesi di una certa età passano la loro vana vita perversa a cacciare di frodo nella riserva dei poeti.
Il critico come artista

Il nichilista, quello stravagante martire senza fede, che sale il patibolo senza entusiasmo e muore per ciò in cui non crede, è una creatura puramente letteraria: fu inventato da Turgenev e rifinito da Dostoevskij.
La decadenza della menzogna

Quando i critici sono discordi,
l'artista è d'accordo con se stesso.
Il ritratto di Dorian Gray

Sì, c'è una morale terribile in Dorian Gray, una morale che le menti pruriginose non riusciranno a trovare, ma che sarà evidente alle menti sane. Questo è un errore artistico? Temo di sì: è il solo errore del libro.
In difesa di "Dorian Gray"

La vera base dell'arte non sono di sicuro le virtù domestiche, anche se queste ultime possono essere un'eccellente pubblicità per artisti di second'ordine.
Penna, matita e veleno

Oggigiorno siamo infestati da una razza di persone che, appena un poeta o un pittore muore, gli piombano in casa assieme all'impresario di pompe funebri e si scordano che il loro doveroso comportamento sarebbe quello di restare in silenzio. Ma evitiamo di parlare di quelle persone: sono solo ladri di cadaveri della letteratura.
Il critico come artista

I libri moderni di memorie non mi piacciono: normalmente sono scritti da persone che hanno perso completamente la memoria o, peggio ancora, non hanno mai vissuto niente che valga la pena di ricordare. Comunque questa è indubbiamente la motivazione della loro popolarità. Il pubblico inglese è sempre a suo agio quando ha come interlocutore una mediocrità.
Il critico come artista

La forma di governo migliore
per l'artista è la totale assenza di governo.
L'anima dell'uomo sotto il socialismo

Normalmente i critici (mi riferisco chiaramente ai migliori, quelli che scrivono per i giornali da sei pence) sono decisamente più colti degli autori di cui devono recensire l'opera. Ciò non sorprende più di tanto: la critica necessita di molta più cultura rispetto all'azione creativa.
Il critico come artista

La sfera dell'arte e la sfera dell'etica sono,
senza alcun dubbio, diverse e separate.
In difesa di "Dorian Gray"

Mi piace troppo leggere i libri
per avere voglia di scriverne uno.
Il ritratto di Dorian Gray

Esistono molti storici, o perlomeno scrittori di argomenti storici, che si sentono perennemente in dovere di dare giudizi morali sulla storia, che elargiscono elogi o biasimi con la solenne condiscendenza di un bravo maestro elementare.
Penna, matita e veleno

Per quanto paradossale possa sembrare (e i paradossi sono sempre pericolosi) è assolutamente vero: la vita imita l'arte, molto di più di quanto l'arte imiti la vita.
La decadenza della menzogna

Uno dovrebbe o essere un'opera d'arte
o indossare un'opera d'arte.
Frasi e filosofie ad uso dei giovani

I buoni artisti esistono unicamente in ciò che producono e di conseguenza non sono per niente interessanti per quello che sono. Un grande poeta, un poeta realmente grande, è l'essere meno poetico che esista; mentre i poeti minori sono assolutamente affascinanti.
Il ritratto di Dorian Gray

Il primo richiamo dell'arte non coinvolge intelletto o emozioni, ma si appella unicamente al temperamento artistico.
Penna, matita e veleno

Dire alla gente che cosa leggere è normalmente inutile o dannoso: apprezzare la letteratura è una questione di temperamento, mai d'insegnamento.
Leggere o non leggere

Il critico ha il compito di educare il pubblico.
L'artista quello di educare il critico.
In difesa di "Dorian Gray"

Il pubblico ha una tolleranza straordinaria:
perdona tutto, tranne il genio.
Il critico come artista

Non esiste in arte una verità universale:
in arte la verità è la cosa di cui è vero anche il contrario.
La verità delle maschere

Il vero critico è colui che porta dentro di sé i sogni,
le idee e i sentimenti di migliaia di generazioni.
È colui che vive come propria ogni forma di pensiero,
ogni stimolo emotivo oscuro.
L'ultimo volume di Mr. Pater

«È nel riuscire a restare entro dei limiti che si rivela il maestro.» [Goethe] E il limite, la condizione imprescindibile di qualsiasi arte, è lo stile.
La decadenza della menzogna

Il problema delle arti visive, il movimento, può essere affrontato positivamente soltanto dalla letteratura: è la letteratura che ci mostra il corpo nella sua rapidità e l'anima nel suo tormento.
Il critico come artista

Le persone buone, appartenendo alla normalità, al tipo comune, risultano artisticamente prive di interesse. Le persone cattive sono oggetti di studio affascinanti, dal punto di vista artistico: rappresentano il colore, la diversità, la stranezza. I buoni irritano la ragione, i cattivi stimolano la fantasia.
In difesa di "Dorian Gray"

Coloro che hanno a cuore la bellezza della forma
non considerano nulla altrettanto importante.
Penna, matita e veleno

Quando un uomo tratta artisticamente la sua vita,
il suo cervello e il suo cuore diventano una cosa sola.
Il ritratto di Dorian Gray

«Quale è la differenza fra letteratura e giornalismo?»
«Il giornalismo non è leggibile e la letteratura
non viene letta.»
Il critico come artista

La funzione dell'artista è quella d'inventare,
non certo quella di fare cronaca.
[...]
Il diletto supremo in letteratura
è realizzare ciò che non esiste.
In difesa di "Dorian Gray"

Sempre la letteratura anticipa la vita:
non la copia, ma la plasma secondo i suoi fini.
La decadenza della menzogna

In nessun caso l'arte dovrebbe tentare di essere popolare:
è il pubblico che dovrebbe tentare di diventare artistico.
L'anima dell'uomo sotto il socialismo

Non esiste alcuna incompatibilità fra cultura e crimine, e non si può riscrivere la storia in base a quello che sarebbe dovuta essere secondo il nostro senso morale.
Penna, matita e veleno

«... non c'erano critici d'arte nel periodo migliore dell'arte.» «Mi sembra di avere già sentito un'osservazione del genere. Ha la stessa potenza vitale di un errore e tutta la noia di un vecchio amico.»
Il critico come artista

L'artista non ha nessuna simpatia etica: per lui virtù e malvagità sono, né più né meno, ciò che per il pittore sono i colori sulla tavolozza.
In difesa di "Dorian Gray"

Il punto di vista etico è l'estremo rifugio
di coloro che sono privi del senso del bello.
La verità delle maschere

Dopo aver suonato Chopin ho la sensazione di aver pianto su peccati che non ho commesso.
Il critico come artista

Gli amanti della musica sono così assurdamente irragionevoli! Vorrebbero che si stesse assolutamente muti proprio quando si desidererebbe invece essere completamente sordi.
Un marito ideale

La mia anima è prigioniera e ha bisogno di musica per curare la sua malinconia.
La verità delle maschere

Ai giorni nostri ogni grand'uomo ha i suoi discepoli, ma è inevitabilmente Giuda quello che scrive la sua biografia.
Il critico come artista

La musica è il genere di arte perfetta: la musica non può mai svelare il suo segreto più nascosto.
Il critico come artista

Solo all'interno di se stessa, e non all'esterno, l'arte trova la propria perfezione, ed essa non deve essere giudicata in base a criteri esterni di somiglianza: più che uno specchio, l'arte è un velo.
La decadenza della menzogna

Ogni luogo che ami è il mondo per te... ma l'amore non va più di moda e i poeti l'hanno eliminato. Ne hanno scritto talmente tanto che nessuno li ha creduti e ciò non mi sorprende. L'amore vero soffre in silenzio.
Il razzo illustre

Mentre si deve sempre studiare il metodo di un grande artista, non si deve mai imitare il suo stile. Lo stile di un artista è essenzialmente individuale, il metodo è del tutto universale. Il primo deriva dalla personalità, che nessuno dovrebbe copiare, il secondo è la perfezione a cui tutti dovrebbero mirare.

Tutta l'arte è immorale, dato che l'emozione per il fine dell'emozione è lo scopo dell'arte e l'emozione per il fine dell'azione è lo scopo della vita.

La cosa più bella che si può dire della maggior parte delle creazioni artistiche moderne è che sono solo un po' meno volgari della realtà.

Solo un banditore d'aste può ammirare imparzialmente e contemporaneamente tutte le scuole d'arte.

Il critico è colui che può tradurre in diversa forma
o in nuova sostanza la sua impressione delle cose belle.

L'artista è il creatore di cose belle.

Coloro che scorgono brutti significati nelle cose belle sono corrotti senza essere affascinanti. Questo è un errore.

Coloro che scorgono bei significati nelle cose belle sono le persone colte. Per loro c'è speranza. Essi sono gli eletti: per loro le cose belle significano solo bellezza.

Ogni arte è insieme superficie e simbolo.
Coloro che scendono sotto la superficie lo fanno
a loro rischio.
Coloro che interpretano il simbolo lo fanno a loro rischio.

Quando i critici dissentono tra loro,
l'artista è d'accordo con se stesso.

Possiamo perdonare a un uomo l'aver fatto una cosa utile se non l'ammira. L'unica scusa per aver fatto una cosa inutile è di ammirarla intensamente.

Tutta l'arte è completamente inutile.

SOCIETÀ

Chiunque può essere buono in campagna:
là non ci sono tentazioni.
Il ritratto di Dorian Gray

Si vive in un'epoca in cui le cose
non necessarie costituiscono le sole necessità.
Il ritratto di Dorian Gray

Dobbiamo preoccuparci del futuro, in quanto il passato è ciò che l'uomo non dovrebbe essere stato, il presente è ciò che l'uomo non dovrebbe essere, il futuro è ciò che gli artisti sono.
L'anima dell'uomo sotto il socialismo

L'essere romantici è un privilegio da ricchi:
non è assolutamente la professione dei disoccupati.
Il milionario modello

Una comunità si abbruttisce molto di più dall'impiego sistematico del castigo che non dal manifestarsi del delitto occasionale.
L'anima dell'uomo sotto il socialismo

I grandi mancano completamente di buon senso,
ma la provvidenza li compensa con abiti belli.
La duchessa di Padova

Il progresso è la realizzazione delle utopie.
L'anima dell'uomo sotto il socialismo

Gli uomini imprecano contro il materialismo, come viene chiamato, scordandosi che non c'è mai stato un miglioramento materiale che non abbia portato con sé anche una spiritualizzazione del mondo.
Il critico come artista

Adoro la società londinese!
Penso che sia migliorata moltissimo: ora è composta unicamente da idioti bellissimi e da arguti lunatici.
Un marito ideale

Si sente dire spesso che i poveri sono riconoscenti della carità a loro fatta. Per qualcuno di loro ciò è senza dubbio vero. Ma i migliori fra i poveri non sono mai riconoscenti: sono ingrati, insoddisfatti, disobbedienti e ribelli.
E ne hanno tutte le ragioni.
L'anima dell'uomo sotto il socialismo

Al giorno d'oggi la gente è così superficiale
che non riesce a capire la filosofia del superficiale.
Una donna senza importanza

La stupidità ereditaria della razza,
definita bonariamente "sano buon senso inglese",
costituiva il più saldo baluardo della società.
Il ritratto di Dorian Gray

Tempo fa furono riposte molte speranze nella democrazia.
Ma democrazia vuol dire semplicemente bastonatura
del popolo da parte del popolo, nel nome del popolo.
L'anima dell'uomo sotto il socialismo

Viviamo in un'epoca che legge troppo per essere saggia
e che pensa troppo per essere bella.
Il ritratto di Dorian Gray

Rispetto a noi i poveri sono più saggi, più umani, più gentili, più sensibili. La prigione è ai loro occhi una tragedia nella vita di un uomo, una sventura, un infortunio, una cosa che evoca compassione. Dicono semplicemente di uno che è in carcere che è «nei guai», e utilizzano sempre questa espressione, che nasconde in sé l'immensa saggezza dell'amore. Diversa è la questione per la gente del nostro rango: il carcere trasforma un uomo in un paria.
De profundis

I sistemi sociali che falliscono sono quelli che si basano sulla staticità della natura umana, e non sulla sua crescita e sul suo sviluppo.
L'anima dell'uomo sotto il socialismo

È immorale servirsi della proprietà privata per alleviare i tremendi mali nati dall'istituzione della proprietà privata.
L'anima dell'uomo sotto il socialismo

Il dispotismo è ingiusto con tutti, perfino con il despota che forse era nato per qualcosa di meglio.
L'anima dell'uomo sotto il socialismo

La morte e la volgarità sono, nel XIX secolo, le uniche cose che non si possono eliminare grazie alle spiegazioni.
Il ritratto di Dorian Gray

L'industria è la radice di ogni bruttura.
Frasi e filosofie ad uso dei giovani

... la moda è ciò che una persona indossa. Fuori moda è tutto ciò che indossano gli altri.[...] Esattamente come la volgarità è il modo di comportarsi degli altri. [...] E come le falsità sono le verità degli altri. [...] Gli altri sono proprio tremendi: l'unica società possibile è con se stessi.
Un marito ideale

Non è il peccato, ma la fame, il padre dei delitti moderni.
L'anima dell'uomo sotto il socialismo

... un gentiluomo inglese di campagna che galoppa dietro una volpe: l'ineffabile all'inseguimento dell'immangiabile.
Una donna senza importanza

Oggigiorno la macchina fa concorrenza all'uomo. Nel sistema sociale giusto la macchina sarà al servizio dell'uomo.
L'anima dell'uomo sotto il socialismo

Il lavoro è la maledizione delle classi che bevono.
Frase attribuita a O.W. nella biografia di H. Pearson

L'essere in disaccordo con tre quarti del pubblico
britannico è uno dei primi requisiti di sanità mentale.

Perché sono nato con tali contemporanei?

«Non parlare male della società, Algie.
Solo le persone che non possono entrarvi lo fanno.»
L'importanza di chiamarsi Ernesto

VITA E DINTORNI

Lo scopo della vita,
sempre ammesso che la vita ne abbia uno,
sta unicamente nell'essere alla ricerca
continua di tentazioni.
Una donna senza importanza

Il vero mistero del mondo è il visibile, non l'invisibile.

Nella vita il primo dovere è quello di essere
il più artificiali possibile.
Nessuno ha ancora scoperto quale sia il secondo dovere.
Frasi e filosofie ad uso dei giovani

Lord Henry Wotton tenta di essere un semplice spettatore della vita, e scopre che chi si estranea dalla battaglia resta ferito più profondamente rispetto a chi vi prende parte.
In difesa di "Dorian Gray"

Anche la più piccola cosa che facciamo passa nel grande ingranaggio della vita: questo può trasformare in polvere le nostre virtù togliendo loro ogni valore, oppure può trasformare i nostri difetti in elementi di una nuova civiltà...
Il critico come artista

Vivere è la cosa più rara del mondo.
La maggior parte della gente esiste, e questo è tutto.
L'anima dell'uomo sotto il socialismo

La salute è il primo dovere della vita.
L'importanza di chiamarsi Ernesto

Essere completamente liberi e nello stesso tempo completamente sottoposti alla legge è il paradosso eterno della vita umana, paradosso di cui abbiamo consapevolezza in ogni istante dell'esistenza.
De profundis

Nella vita non si può avere, al massimo,
che una grande esperienza.
E il segreto della vita sta nel ripeterla il più spesso possibile.
Il ritratto di Dorian Gray

La prima tragedia della vita sono le azioni,
la seconda le parole. E forse le parole sono peggio.
Le parole sono spietate...
Il ventaglio di Lady Windermere

Mi pare che sia da codardi fuggire:
è come voltare le spalle al pericolo,
e il pericolo è diventato così raro nella vita moderna!
Una donna senza importanza

Quando riusciremo alfine a identificare le leggi scientifiche che dirigono la vita, capiremo che la sola persona che nutre più illusioni del sognatore è l'uomo d'azione.
Il critico come artista

Capisco perfettamente l'importanza di mancare un appuntamento, in particolare se si vuole mantenere il senso della bellezza della vita.
L'importanza di chiamarsi Ernesto

Tutte le cose sono pericolose.
Se così non fosse, non varrebbe la pena di vivere la vita.
Un marito ideale

Nessuna vita è rovinata,
eccetto quella la cui crescita è arrestata.
Il ritratto di Dorian Gray

Nella vita non esistono cose grandi o cose piccole:
in tutto c'è un uguale valore e uno stesso peso.
De profundis

Peccato che nella vita le lezioni ci vengono impartite
proprio quando non ne abbiamo bisogno.
Il ventaglio di Lady Windermere

Se non sanno nulla sulla morte è perché sanno poco o niente della vita, perché i segreti della morte e della vita appartengono solamente a coloro che avvertono il ritmo del tempo, a coloro che posseggono non solo il presente, ma anche il futuro...
Il critico come artista

Si deve assorbire il colore della vita,
ma non se ne dovrebbero mai ricordare i particolari.
I particolari sono sempre volgari.
Il ritratto di Dorian Gray

L'unica cosa che ci sostiene nella vita è la coscienza dell'inferiorità immensa di tutti gli altri, e questo è un sentimento che ho sempre coltivato.
Il ragguardevole razzo

Il segreto della vita sta nel riuscire ad apprezzare
il piacere di essere tanto, tremendamente deluse.
Una donna senza importanza

Ognuno vive la propria vita e paga il suo prezzo per viverla. Peccato solo che per un'unica colpa si debba pagare più volte. Anzi, pagare e ripagare continuamente. Nei suoi rapporti con l'uomo il destino non chiude mai il conto.
Il ritratto di Dorian Gray

Chi considera il presente l'unica cosa presente,
non sa nulla dell'epoca in cui vive.
L'ultimo volume di Mr. Pater

La vita è spaventosamente difettosa nella forma. Le sue sciagure capitano nel modo sbagliato e alle persone sbagliate. Ci sono errori stravaganti nelle sue commedie e le sue tragedie finiscono gloriosamente in farsa. Avvicinarsi alla vita significa restare sempre feriti: le cose durano troppo, o troppo poco.
Il critico come artista

Ciò che l'essere umano ha sempre cercato non è né il dolore né il piacere, ma semplicemente la Vita: l'uomo ha tentato di vivere intensamente, con pienezza e perfezione.
L'anima dell'uomo sotto il socialismo

La vita è una cosa troppo importante
perché se ne debba parlare seriamente.
Vera o i nichilisti

RELIGIONE
E FILOSOFIA

Coloro che scorgono una differenza fra anima e corpo non possiedono né l'una né l'altro.
Frasi e filosofie ad uso dei giovani

La fede, che alcuni pongono nell'invisibile, io la trovo solamente in ciò che si può vedere e toccare. I miei dèi vivono in templi costruiti con le mani, e nel cerchio dell'esperienza della realtà il mio credo diventa perfetto e completo. Fin troppo completo, forse, perché come i tanti o come tutti coloro che hanno fatto della terra il loro cielo, io non vi ho scoperto solo la bellezza del paradiso, ma pure l'orrore dell'inferno.
De profundis

Le religioni muoiono nel momento in cui se ne dimostra la verità: la scienza è l'inventario delle religioni morte.
Frasi e filosofie ad uso dei giovani

In un tempio tutti dovrebbero essere seri,
tranne la cosa adorata.
Una donna senza importanza

Il martirio è di aiuto alla pace del santo:
solo così gli è risparmiata la vista del suo raccolto.
Il critico come artista

Suppongo che quando i peccatori parlano
con i santi siano sempre brutali.
Un marito ideale

Quello che viene chiamato peccato è un elemento indispensabile al progresso: senza di esso il mondo ristagnerebbe, invecchierebbe o perderebbe colore. Il peccato, con la sua curiosità, accresce l'esperienza della razza umana.
Il critico come artista

Un nichilista che rifiuta ogni autorità, perché sa che l'autorità è male, e che accetta ogni dolore, perché grazie al dolore realizza la sua personalità, è un vero cristiano: per lui l'ideale cristiano è una cosa reale e vera.
L'anima dell'uomo sotto il socialismo

Gli ideali sono pericolosi.
La realtà è preferibile:
è spietata, ma preferibile.
Il ventaglio di Lady Windermere

Penso che Dio nel creare l'uomo
in qualche modo abbia sovrastimato le sue capacità.

Quando gli dei vogliono punirci,
rispondono alle nostre preghiere.
Un marito ideale

Morire per una fede teologica è il peggior uso
che un essere umano possa fare della propria vita.

Un sermone è una triste salsa quando
non c'è niente con cui accompagnarla.

È il fatto di confessarsi, non il sacerdote,
che ci dà l'assoluzione.

Sicuramente la Provvidenza può resistere
alla tentazione per questa volta.

Il peccato è l'unico vero elemento colorato
che è rimasto nella vita moderna.

La maggior parte degli insegnanti di religione trascorrono il loro tempo a dimostrare l'indimostrato attraverso ciò che non è dimostrabile. Non c'è niente di più prezioso dell'animo umano e non c'è alcuna cosa in terra che possa essere paragonata ad esso.

A una preghiera non dovrebbe tornare risposta.
Se fosse così si tratterebbe di corrispondenza.

Lo scetticismo è l'inizio della fede.

È stato detto che i grandi eventi del mondo accadono
nel cervello. È nel cervello e solo nel cervello che i grandi
peccati del mondo hanno luogo.

Presto te ne andrai in giro come il convertito
e il revivalista, ammonendo le persone
contro tutti i peccati di cui ti sei annoiato.

L'unica differenza tra un santo e un peccatore
è che il santo ha un passato e il peccatore ha un futuro.

RICCHEZZA E POVERTÀ

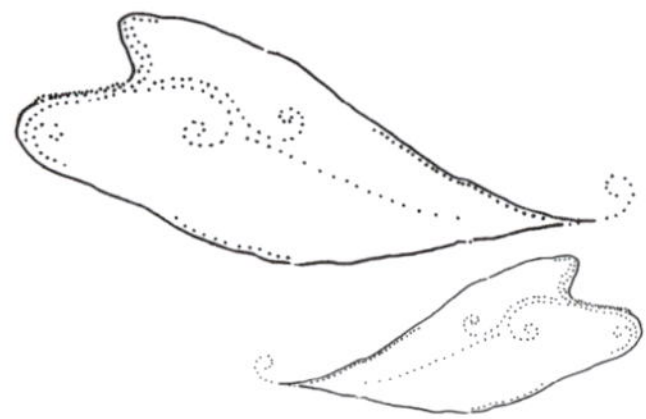

Oggi siamo talmente al verde
che le uniche cose piacevoli che abbiamo da dare
sono i complimenti.

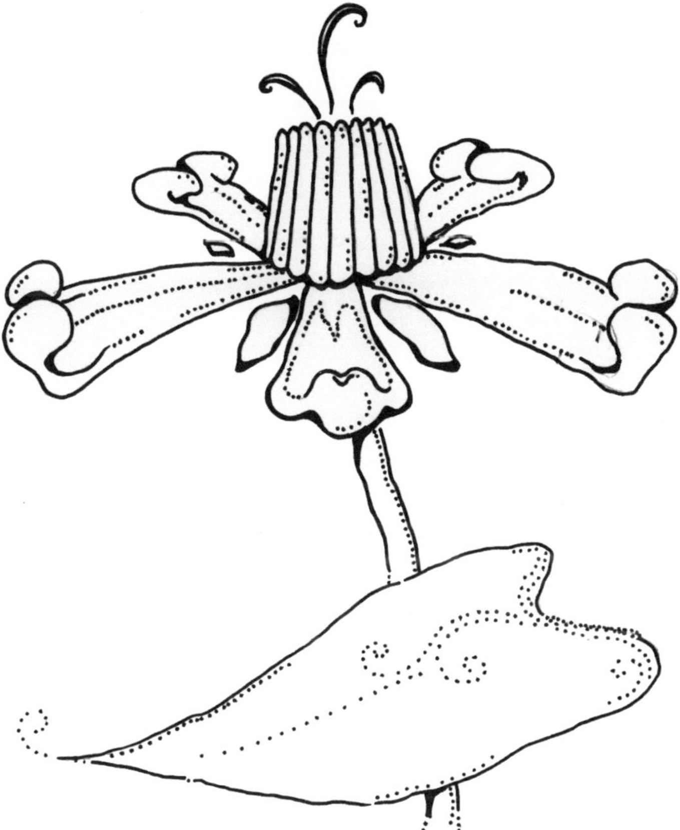

Con tutto il vostro sfarzo e ricchezza e arte voi non sapete come vivere… non sapete neppure questo. Amate la bellezza che si può vedere e toccare e palpare, la bellezza che si può distruggere, e infatti la distruggete. Ma della bellezza nascosta della vita, della bellezza di una vita più elevata, voi non sapete nulla.
Una donna senza importanza

Al giorno d'oggi è necessario avere una qualche occupazione. Se non avessi i miei debiti non avrei niente a cui pensare.
Una donna senza importanza

Quanto riguarda l'accattonaggio, è più sicuro del rubare, ma rubare è più elegante.

Non sono mai a casa di pomeriggio, tranne quando sono costretto a casa da un acuto attacco di povertà.

C'è solo una classe sociale che pensa ai soldi più dei ricchi ed è quella dei poveri.
Il povero non riesce a pensare ad altro.

Alle volte i poveri sono lodati per la loro parsimonia. Ma lodare un povero per la parsimonia è sia grottesco sia offensivo. Sarebbe come consigliare a uno che muore di fame di essere morigerato con il cibo.

Tra i tributi riscossi in vita e quelli dopo la morte,
la terra ha smesso di essere luogo di profitto e di piacere.

La proprietà non solo implica dei doveri, ma ne implica così tanti che il suo possesso oltre un certo limite è una noia.

Non voglio soldi. Solo le persone che saldano
i loro debiti hanno bisogno di soldi e io non li saldo mai.

È solo non saldando i conti che si può sperare
di essere nel ricordo delle classi commerciali.
Frasi e filosofie ad uso dei giovani

Dovrei pensare che la vera tragedia del povero
è di non poter permettersi altro che la privazione.

È meglio avere un reddito permanente
che essere affascinante.
Il modello milionario

GHIACCIO BOLLENTE

Il pettegolezzo è piacevole!
La storia stessa non è che un pettegolezzo.
Mentre lo scandalo è un pettegolezzo reso noioso dalla morale.

Il ventaglio di Lady Windermere

Un'ora fa mio padre mi ha detto di andare a letto.
Per quale motivo non dovrei dare a voi lo stesso consiglio?
Preferisco passare agli altri i buoni consigli.
È il loro solo utilizzo: non vanno mai bene a noi stessi.
Un marito ideale

Ai giorni nostri ci restano così pochi misteri
che non possiamo permetterci di perderne neanche uno.
Il critico come artista

Siamo tutti nel fango, ma alcuni di noi guardano le stelle.
Il ventaglio di Lady Windermere

Si dovrebbe essere sempre un poco improbabili.
Frasi e filosofie ad uso dei giovani

Il pensiero è una cosa meravigliosa,
ma l'avventura lo è decisamente di più.
Il critico come artista

Niente è così pericoloso come essere troppo moderni.
Uno rischia di passare di moda improvvisamente.
Un marito ideale

La noia è la maggiore età della serietà.
Frasi e filosofie ad uso dei giovani

Due sono le tragedie in questo mondo:
una è di non ottenere ciò che si desidera,
l'altra è di ottenere ciò che si desidera.
La seconda è di gran lunga la peggiore.
La seconda è una vera tragedia.
Il ventaglio di Lady Windermere

Non apprezzo affatto questa mania dei giorni nostri
di cambiare in un paio di minuti le persone cattive
in brave persone.
L'importanza di chiamarsi Ernesto

Non sono d'accordo neanche su una sola delle parole
che hai detto e, ciò che è peggio,
sono sicuro che neppure tu sia d'accordo.
Il ritratto di Dorian Gray

«Vostro fratello Ernesto è morto?»
«Decisamente morto.»
«Una sana lezione per lui! C'è da sperare che almeno
questa volta ne tragga profitto!»
L'importanza di chiamarsi Ernesto

La difesa del giornalismo moderno non mi interessa.
L'esistenza del giornalismo moderno è giustificata
unicamente dal grande principio darwiniano
secondo il quale sopravvive il più volgare.
Il critico come artista

Perdere un genitore è una sfortuna,
ma perderli tutti e due significa essere proprio trasandati.
L'importanza di chiamarsi Ernesto

Le domande non sono mai indiscrete.
Qualche volta lo sono le risposte.
Un marito ideale

Bisogna riconoscere a favore dei giornalisti moderni che,
per quanto ti abbiano pubblicamente attaccato per iscritto,
in privato ti chiedono sempre scusa.
L'anima dell'uomo sotto il socialismo

«Oggigiorno le spie hanno perso d'importanza:
il loro mestiere è praticamente finito.
I giornali hanno preso il loro posto.»
«E svolgono il loro lavoro clamorosamente bene!»
Un marito ideale

Io amo parlare di niente...:
è il solo argomento di cui sappia qualcosa.
Un marito ideale

Non sono proprio certo riguardo all'argomento.
Forse potrò essere d'accordo con te dopo cena:
qualche volta la cena può avere un'influenza sottile.
Il critico come artista

Nelle epoche passate gli uomini avevano la ruota
della tortura. Oggigiorno hanno la stampa.
L'anima dell'uomo sotto il socialismo

Ai giorni nostri, un pubblicista è un uomo
che infastidisce la comunità con i dettagli
delle irregolarità della sua vita privata.
Penna, matita e veleno

Adoro guardare i geni e ascoltare le belle persone.
Un marito ideale

Ai giorni nostri si sopravvive a tutto, eccetto che alla morte;
e a tutto si trova un rimedio,
eccetto che a una buona reputazione.
Una donna senza importanza

Vieni, vieni via, scappa da questa vita orribile.
Fai come la bellissima farfalla che spezza la tela del ragno...
La verità delle maschere

Non sopporto i litigi:
sono sempre volgari e talvolta pure convincenti.
L'importanza di chiamarsi Ernesto

La commedia ha termine quando il segreto è svelato.
In difesa di "Dorian Gray"

Ogni volta che qualcuno è d'accordo con me
ho la sensazione di avere torto.
Il ventaglio di Lady Windermere

Di fatto il pubblico ha la curiosità insaziabile di sapere tutto, tranne ciò che vale la pena di sapere.
L'anima dell'uomo sotto il socialismo

Io non suono con precisione – chiunque è in grado di suonare con precisione, ma suono con un'espressione meravigliosa. Per quanto riguarda il piano, il sentimento è il mio forte. Tengo la conoscenza per la vita.
L'importanza di chiamarsi Ernesto

I bambini iniziano amando i loro genitori;
crescendo li giudicano; a volte li perdonano.
Il ritratto di Dorian Gray

Il vantaggio delle emozioni è che ci portano fuori strada,
il vantaggio della scienza è che non è emotiva.
Il ritratto di Dorian Gray

Essere incarcerati ingiustamente,
e per una causa nobile,
rafforza la nostra natura e la arricchisce.
Poesia e prigione

L'unica cosa che realmente si sa della natura umana
è che cambia, e il cambiamento
è la sua unica qualità su cui possiamo contare.
L'anima dell'uomo sotto il socialismo

Qualsiasi delitto è volgare,
così come ogni volgarità è un delitto.
Il ritratto di Dorian Gray

Ogni volta che un uomo fa una cosa del tutto stupida,
è sempre per il più alto dei motivi.

L'ottimismo comincia con un largo sogghigno
e il pessimismo finisce a indossare larghi occhiali scuri.

IN... CORRECT
OSCAR

Cedere a una tentazione è il solo modo di liberarsene.
Il ritratto di Dorian Gray

Per riottenere la mia giovinezza farei qualsiasi cosa
al mondo, tranne che fare esercizio fisico,
alzarmi presto o essere rispettabile.
Il ritratto di Dorian Gray

È sempre piacevole essere attesi e non arrivare.

Una cravatta ben annodata è il primo passo serio nella vita.

Una buona reputazione è una di quelle innumerevoli
seccature che non mi sono mai capitate.

Forse, dopotutto, l'America non è stata scoperta.
Per me direi che è stata semplicemente rilevata.
Il ritratto di Dorian Gray

Abbiamo sul serio tutto in comune con gli Americani,
tranne, ovviamente, la lingua.
Il fantasma di Canterville

In questioni di vitale importanza lo stile,
non la sincerità, è fondamentale.
L'importanza di chiamarsi Ernesto

Non ha niente ma dall'apparenza sembra tutto.
Che cosa si potrebbe volere di più?

In America il Presidente governa per quattro anni
e il giornalismo per sempre.
L'anima dell'uomo sotto il socialismo

La disobbedienza, agli occhi di chi abbia letto la Storia,
è la virtù originale dell'uomo.
È attraverso la disobbedienza e la ribellione
che si sono compiuti progressi.
L'anima dell'uomo sotto il socialismo

Suppongo che debba morire al di là delle mie possibilità.
Frase attribuita a O.W. quando venne informato
del prezzo di un'operazione

Io sono l'unica persona al mondo che avrei piacere
di conoscere interamente.
Il ventaglio di Lady Windermere

La filosofia ci insegna a sopportare con serenità
le disgrazie altrui.

INDICE

OSCAR WILDE 4

Donne 10
Uomini 22
Gioventù e vecchiaia 30
Menzogna e verità 36
Peccati, vizi e virtù umani 40
Amicizia 54
Amore 58
Matrimonio 64
Piacere 70
Dolore 74
Arte, letteratura e musica 80
Società 92
Vita e dintorni 98
Religione e filosofia 104
Ricchezza e povertà 110
Ghiaccio bollente 114
In... correct Oscar 122

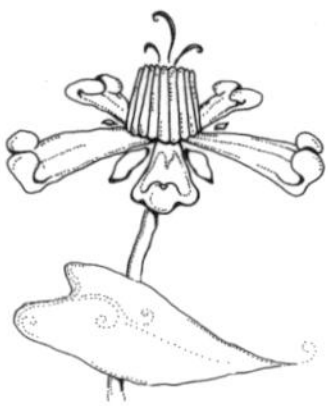

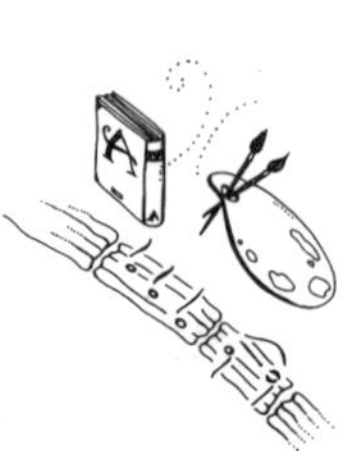